朴 鳳 宇 詩集

荒地의 풀잎

창비

차 례

제 3 부

1

大法院 앞에서

1

언제나 나 혼자만이 산책합니다
김병로 대법원장님을 생각합니다
리승만 대통령이 제일 무서워하는
그 길을 걸어갑니다 외로울 때나
슬플 때나 걸어가면서
휴지를 줍습니다
또 책을 읽습니다

2

로마법을 사랑합니다만
점심을 싸가지고 더러는 걸어가는
이 땅의 대법관님들이 으젓해서
나는 눈물이 나옵니다

3

나는 절대로 문을 열지 않습니다

억울하고 억울해도

전화도 하지 않습니다

　　　4

지금 나는 모르겠읍니다

어떻게 해야 할는지

어떻게 해야 할는지

〈1975・創作과批評〉

서울 下野式

긴 겨울 이야기는
끝나지 않았다
모두 발버둥치는 벌판에
풀잎은 돋아나고
오직 자유만을 그리워했다
꽃을 꺾으며
꽃송이를 꺾으며 덤벼드는
亂軍 앞에
이빨을 악물며 견디었다
나는 떠나련다
서울을 떠나련다
고향을 가려고
농토를 찾으려고 가는 것은
아니겠지
이 못된 손아귀에서
벗어나는 것만이
옥토를 지키는 것

봄은 오는데

긴 겨울 이야기는

끝나지 않았다

오랜역사의 악몽 속에서

어서 깨어나 어서 깨어나

보리밭에 녹두밭에

석유냄새 토하며 쓰러질

서울 下野式

외진 남산 기슭의 진달래야

찬 북녘 바람은 알겠지

소금장사

쌀장사

갈 곳도 없는

고향도 없는

어서 서울을 떠나야지

서울을 떠나야지

〈1975 · 創作과批評〉

아리랑고개의 할미꽃

우선 술을 할 줄 알아야 한다
하루 담배 서너 갑은 피울 줄 알아야 한다
蘭 앞에서 書藝도
한 줄 쓸 줄 알아야 이야기가 된다
비워 놓은 집에
도둑이 기웃거려도
원만할 줄 알아야 한다
바둑 한 수에도 잠 못이루는
그러한 위인이어야 한다
겨울 밤에 봉창을 열고
밤하늘을 바라볼 줄 아는
여유만만한 사람이어야 한다
친구가 찾으면
우선 술잔을 차릴 줄 아는
그런 그런 사람이어야 하고
내 이야기보다
남의 이야기를 들을 줄 아는

그러한 사람이어야 한다
비를, 비를 맞으며
선창가에서 들려오는
막소주집 유행가에는
귀 기울일 줄 알아야 한다
흰 고무신보다
검은 고무신을 신고
朝鮮 조끼 옷을 입을 줄 아는
그런 이여야 한다
木花 따는 여인 앞에
이글이글거리는 햇빛 속에
지글지글 끓는
된장국의 맛을 아는
아리랑고개의 할미꽃이어야 한다
黃土흙에 뱀이 혀를 널름거리는
숨막힘 속에
바위보다 더한 意志가 넘치는

그런 꽃이어야 한다

장작개비를 지게에 짊어지고

황소 같은 땀을 흘려야 하는

그런 이여야 한다

서럽고 서러운 가슴통에

불길이 타오르는

오직 불길이 타오르는

수없는 밤을

쑥잎 같은 향내로

그림을 그릴 줄 아는

해바라기보다 짙은 머리여야 한다

〈1975·創作과批評〉

잠 못 이루는가

삼십년 한이
잠 못 이루는가
조용한 바다야
너도
노할 때가 있지。

朝鮮의
문풍지 속에
너도 언젠가는
잠들 날이 있겠지。

꽃으로 살고 싶다
꽃으로 죽고 싶다
왜 이다지도
잠을 못이루는가。

〈1975・韓國文學〉

아버지 經濟

한 방안이
점점 좁아지는구나
내가 밀려서 잠을 깨다 보면
요놈들은
키도 크고
넓어졌구나.

쌀도 한 말이면
일주일을 먹는데
요사이는 며칠 못 먹으니
아버지 經濟는
찬바람이 불구나.

엄마는
추운데 밖을 나가고
아버지는 눈을 감고
몸부림치는구나.

봄이 오기 전에
모든 물가는 뛰고
아버지 經濟는
더 더욱 적자운영으로
가득 채운 먹구름
주름살이
늘어만 난다.

이 시대는
食口들의
한 달 먹을 것이
벌써 걱정이니,

아버지의 經濟는
어쩌자는 건가.

〈1975·韓國文學〉

또 파고다公園論

I

어두운 산천에 봄이 오는가.

절단된 江山에 또 삼월이 오는가.

우리들의 삼월이 뭉쳤던 날

南도 北도 한덩어리였다.

한 핏줄은 여기 흐르는가.

슬기로운 넋은 여기 있는가.

朝鮮獨立宣言文 앞에 엄숙히 서보면

양심이 부끄러운 사람들,

北도 南도

어서들, 이땅을 물러나거라.

삼월! 파고다公園은

쓸쓸한 사람만 모이는가. 아니다.

모든 고향의 봄빛이 집중하는 곳

火山같이 토할 노래이다.

너와 나와의 힘이다.

파고다公園 부근에서 물러나야 할 이 때

여기도 거기도 멍멍개들이 짖는가.

Ⅱ

農酒나 한 잔 들고 石炭이나 불피우고 싶은
삼월은 파고다公園
歷史는 말이 없지만
이 무서운 증언을 비웃는가.
여기도 거기도 못된 반역의 얼굴들
어서, 어서 물러나라.
다시 삼월이 오기 전에……
南과 北이 화창히 풀리는,
언 땅, 언 江이 풀리는 길은
〈파고다 會談〉이 있어야 할
노을진 무렵이다. 온 땅의
쓰레기들이 물러나야 할 무렵이다.
오! 파고다公園.

<1975 · 新東亞>

窓이 없는 집

어쩌자는 건가

괴로운 시대에

詩人은 무엇을 하는 것인가

어둠이 깔리는

大地에 서서

별들에게

故鄕을 심는 것인가

어쩌자는 건가

어둠이 쌓이는

무덤가에 서서

詩人은 무엇을 노래할 것인가

구름이 흘러가는 心中에

그래도 저항할 것인가

自由地帶에서

괴로우며

詩人의 革命은

싹트는 건가

窓이 없는 하늘에

남겨둔 꽃씨를 뿌리는 건가.

〈1974·韓國文學〉

경제학교수 휴강
　　——어리석은 詩人들에게

Ⅰ

착한 눈들이
칠판에 모여 있다
점심을 고구마로 하고
물을 마시면 배가 부른다
강의시간이 다 되었는데도
보리밥
밀가루 理論들이
여학생 젖가슴을 웃긴다
모두들 窓이나 열어버리자
불이 난다 불이 난다

Ⅱ

벼락같이 세워지는
저기 건물은 누구의 건물이지
그것 몰라 너는 바보야

民族的 資本主義

〈메사돈體質〉 알아

〈愛國經濟學科〉를 새로 設立해야겠어

어리석은 詩人들은

저것을 보고——

都市의 抒情詩라나

웃기지 사람 웃기지

                    Ⅲ

銀行에 취직하려고

商科大學을 왔다고

먹고 살기 위해서 공부한다나

말세야 정말 말세야

오늘은 經濟學을 휴강한다

내일부터 祖國이여! 미안하지만

개인 사정으로 經濟學을 폐업한다

〈1974・新東亞〉

白頭山의 良心

소리질러라

소리질러라

압록江이 흐르고 두만江이 흐르고

우리들은 모두들

休戰線에 있다

넓은 만주 벌판을 응시한다

자유도 빵도 귀중하지만

우리들이 모두 불러야 할

노래는 노래는 우선 무엇인가

영원히 한 핏줄이다

슬기로운 언어다 흰 옷이다

석탄과

쌀과

너무나 오래 절단되었다

소리질러라

소리질러라

독립, 독립, 통일, 통일

녹슨 鐵路 위에 은빛나는

그러한 위대한 날이여

高句麗와 新羅의 몸부림이여

어둡고 괴로움 속에서 살아온

쓰라린 歷史의 年代는

白頭를 향해 출범한다

소리질러라

소리질러라

우리들은 꽃으로 戰死한다

내 땅 내 흙을 밟으면서

그때 우리들의 自由여

東方의 별은 빛날 것이니。

〈1974・文學思想〉

푸른 계절

푸른 계절 속에 피는
고향생각
지금은 누가 살고 있는지

많은 편지를 써서
간직해 온 사연을
바람에 날리고 싶다.

나의 옛날이 아로새겨진
강가에서
지금은 누가
노래 부르고 있는지.

푸른 계절과 더불어
전하고 싶은 말들이
심장에서 익어간다.

한멸기 꽃에 기대어

고향을 더듬는

나그네.

눈물보다 그리운 짙은 고독 속에서

피어나는 고향의 품안은

어머니 같은 이야기.

푸른 계절 속에서

고향으로 가는 꿈을 기른다.

〈1973 · 讀書新聞〉

한 잔의 포도주

한 잔의 포도주는

바이블보다 귀중하다

공감하는 도시여

사랑하는 사람이여

닫혀진 철창문

무딘 벽을 헐고

단둘이만이

은하수와 같은

잔을 들고 싶구나

오랜동안 술을 하지 않으니

부질없는 벗들은

나의 곁에서

낙엽, 가을 낙엽처럼

떨어져 나가는구나.

벗들이여 사랑하는 이여

이제 귀로에 돌아와

너와

나와

그 옛날의 잔을 들자

한 잔의 포도주를……

〈1972·月刊中央〉

大地의 大特號活字

서울의 良心은 이미

우리들의 것이 아니다

지금은 해가 넘어갈 때

李朝 5 백년의 가슴아픈 음모들이

고층빌딩의 창가에 반영된다

비를 들고 아스팔트를 쓸어보면

서울의 良心을 안다

슬픈 모가지들이 매달려

살아가는 光化門

오늘 會談은 있지만

서로들 피눈물나는 넋이 없다

평화와 자유와 독립을

이 거리 이 땅 위에서 부르짖었지만

돌아오지 않는 다리에선

뱀술과 오곡밥이

무슨 자랑들인가

유언이라도 내뱉고 싶은

무덤가에,

詩가 되지 않는 밤

서울의 良心을 무찌르고 싶다

진정 어느 누가

통일이란 大特號활자를 안고 사는가

로마의 훨훨 타는 밤이 되는 날

죄와 벌은 이때 시작되는 歷史

녹슨 鐵路 위에 은빛나는

활짝 문이 열리는

파도같이 우렁찬

그 날을 위해

우리는 朝鮮의 창호지에

지금은 사무친 눈물을 감출 때이다

〈1972 · 月刊文學〉

언제나 우리 땅

사랑을 기다렸다

너 하나만을 기다렸다

北風이 부는 날

새벽

눈부신 햇살 앞에

너의 모습을 그렸다

고향 없는 사람아

사랑이 불꽃처럼 불탄다

北으로 가는 기차를 타고

녹슨 鐵路를 밟아본다

언제나 우리 땅

말이 없다

피흘린, 피흘린 자국이여

〈1974・世代〉

핑크빛 日記

언젠가의

당신의 입술이 주신

순수의 선물을

잊을 수 없읍니다

사랑은 그런 것인가고

이제 느낍니다

핑크빛 日記를 적으면서

나는

오로지 외롭습니다

〈1972 · 詩文學〉

남몰래 흐르는 눈물

누구에게나 보이지 못하는
보석

누구에게나 자랑하지 못하는
보석

유성같이 흐르는 곳에
나의 눈물은
있었다

〈1972・詩文學〉

밤 하늘

잃은 길도

별들을 보면 안다

사랑도

별들을 보면 안다

〈1972·詩文學〉

〈1972・詩文學〉

彫　　刻

조각에는
로댕의 혼이 있다

모든 것을
집중할 때

우주는
세계는
사랑은

고독한 섬

여기에
남몰래 흐르는
눈물이 빗발친다

歸　路

해가 지듯
달이 지듯
돌아갑시다

돌아서
돌아온 사람

우리는 갑니다
말 없이 갑니다

〈1972 · 詩文學〉

社會部長

—— 애리 아빠에게

〈뉴욕 타임즈〉 편집부국장

해리슨 솔즈베리는

〈레닌그라드의 9백일〉을 쓰기 위해

모스크바에서

10여년 헤매며 살았읍니다

애리 아빠는

술이 취해서

그런 記者가 되고 싶다 했읍니다

월남전쟁에 특파 나가서

한 통의 기사도 못 쓴 특파원은

이 땅에 애리 아빠뿐입니다

나는 매일 新聞을 보면서

무슨 特種이 나올까

끝없는 걱정 속에 살았읍니다

명동 〈불로대 아저씨〉 시대

낙원동의 맺힌 시절에도

항상 時計를 차지 않은

애리 아빠는

불로대야 불로대야 불로대야

불뚝 불뚝……노래 불렀읍니다

R. M. 릴케의 장미 속에

어지러운 祖國의 내일과

陽地를 위해 오늘도

무교동 허술한 酒幕에서 벗들과

피로한 한 잔의 막걸리를

총명한 눈초리로

들고 있읍니다

<1972 · 狀況>

高 句 麗 人

내 애비와 어미는

고구려인

만주부터

조선 북방에까지

힘과 富가 넘쳐났다

높은 미적 감각 속에

꽃핀

압록도

백두도

평양도

대륙을 넘나들었다

신라와

백제는

우리들의 한 핏줄

광개토대왕비 곁에서

언제나 상냥스러웠다

병든 병들어가는

祖國 앞에서

고구려인은 울고 있었다

기차를 타고

고향을 찾아

녹슨 철로 위를

모든 형제들과 같이 달리고만 싶었다

고구려인의 한은

지금 끝이 없다

〈1972・狀況〉

荒地에 꽃핀

南과
北으로 나누어 산 지도
오래 되었다.

녹슨 철로 위에
진달래만
서글프다.

어떤 이는 절실히
통일을 부르짖고 갔지만
역사는 잔잔하다.

언제 서로 만나고
살 것인가
祖國은 아프다.

오늘

우리가
서로 만나는 것은,

고향과 자유와 평화를
목마르게 부르짖는
절규다 진통이다.

나는 南
너는 北
양단된 가슴팍에
서로의 비극은 뼈아프다.

나비들은 나비들은
철조망을 오고 가고 하는데
답답한 벽은
언제 무너질 것인가
누구의 힘으로 무너질 것인가.

한 핏줄

한 겨레가

온통 합창하는 날

南北이 서로 마음 터놓고 만나는 날……

녹슨 철로 위에

진달래는 훤히 피어 웃으리라.

그때 내 祖國의 무덤 곁에

역사는 아지랑이같이 다시 피어나고

우리는 가난하게 산 것을

후회하지 않으리라.

〈1971·創造〉

그 누가 살고 있는지

모두들

가버린

모래

발자욱.

바닷물에

씻기운

또

모래

발자욱.

그곳에

누가 살고 있는지……

살고 있는지.

〈1972 · 現代文學〉

적 십 자

서로들 피 흘리는, 피 흘리는
역사의 통곡 속에서도
여기만은 전쟁이 없다.

옛이나 지금이나
강물은 흐르는 곳.

〈인도〉〈공정〉〈중립〉
〈독립〉〈봉사〉〈단일〉〈보편〉
일곱 빛 무지개 공원이
어머니의 사랑을 어루만진다.

──보호하자 온 인류를
과감히 물리치고 또 물리치자
오로지 죄와 벌인
우리의 적
전쟁을──

별같이 많은 꽃숲을 걸으며

사랑의 아픔

아득한 오솔길을 홀로이 간다.

딸 곁이나 아들 곁

또는 아내나 사랑하는 이 곁에

오색을 보듬고

창세기의 여인과 능금을 만지며

에덴의 공원을 걸어간다 길——

적십자만은 인류에 적이 없다

우리는 한줌의 흙으로 통화하며

아름답게 戰死한다.

세계의 어린이들……웃음 활짝 꽃 핀

달나라의 장난

눈물같은 믿음의 깃대여

모두들 그날이, 그날이 오면……

〈1971·新東亞〉

白 頭 山

높고 넓은

또 슬기로운

백두산에 우리를 올라가게 하라

무궁화도

진달래도

백의에 물들게 하라

서럽고 서러운

분단의 역사

우리 모두를

백두산에 올라가게 하라

오로지 한줄기 빛

우리의 백두산이여

사랑이 넘쳐라

온 산천에 해가 솟는다

우리만의 해가 솟는다

우리가 가는

백두산 가는 길은

험난한 길
쑥닢을 쑥닢을 먹으며
한마리 곰으로 태어난
우리 겨레여

〈1971·讀書新聞〉

25時의 사랑

종이 쳤읍니다.

갈 곳은
없읍니다.

地平이 열리고
포도가 익어갑니다.

종이 쳤읍니다.

우리들의 오랜 사랑은

어디만큼
왔읍니까.

〈1972·創造〉

2

쓰레기 歷史

눈물과 고통 모략과 중상

한과 유배 죽음 억울함

이러한 땅이 우리들이란다

　　〈새야 새야 파랑새야 녹두밭에 앉지 마라〉

이러한 땅이 우리들이란다

말하지 말라

허허허 웃어버리면서

세월을 보내는 것이 아니란다

우리의 鳳은

우리의 鳳을

누구도 모르게 서로 만날 때

별 火星에는

우리 旗도 맨 먼저 펄럭인단다

말하지 말라

네가 아는 쓰레기통 歷史를 말 말라

우리는 더욱 뜨겁게 사랑하며

이름도 없는 소슬한 밤 酒幕의

늙은 털보 아저씨와

빛부신 〈역사의 날〉을 위하여

목청을 가다듬고

허허허 노래부르자 그날까지

그날까지 허허허 노래부르자

〈1970 · 月刊文學〉

光化門에서

고장난 목소리가
光化門을 지나는 어느 날
울고 싶었다.

많은 훈장을 단
고장난 목소리는
모든 것 눈을 감고
光化門을 지나가버렸다.

光化門은
허술한 빈 껍질만
바람에 소요하고 있었다.

울고 싶었다
고장난 목소리는 지나가고
光化門은 하늘에
꽃버선을 신고 있었다.

光化門

우리의 서러운 사연

고장난 목소리가

오늘도 어제도 이 앞으로

떠나지 못하고

망설이고 있었다.

〈1970·現代文學〉

新世界 소금

소금에는 거짓이 없다
이슬방울같이 반짝이는 심호흡에는
바다가 밀려오고 또 출렁인다.

사랑에도 거짓이 없다
언제나 철저한 그 맛을 지니며
새로 열려가는
新世界.

소금에는 또한
戰爭이 없다.

언제나 적당한 장소에서
악수할 줄 아는 미소를 지녔다.

소금에는 거짓이 없다
너와 나와의 바이블에서도

소금은 존중한 것으로
孤獨의 표상.

소금은 언제나
新世界.

말없는 바다가 밀려오고 또 밀려가고
新世界는
소금뿐인
이 孤獨을——

〈1970·現代文學〉

반쪼각의 달

내 얼굴은
상처뿐인 조국
地圖를 그린다.

보름달도 되지 못한
항상 반쪼각의
달.

언젠가 한번쯤……

우리들의 보름달을 위해
모든 옷
옷들, 훨훨 벗고

나비
춤추며 모이는
그런 날,

내 얼굴은

상처뿐인 조국

地圖를 그린다.

<1970·詩人>

荒地의 풀잎

언젠가는 터져야 할

나의 革命 앞에서

나는 귀여운 잠꼬대를 한다

하나하나 저금통에 넣은

여러모의 얼굴들이

자기와 自由를 찾을 때

장엄한 旗발은 휘날리고

엄청난 행진곡은 시작되는 것

누구를 위해서 죽을 순 없다

나를 위해서도 죽을 순 없다

녹슨 鐵路 위에

무성한 잡풀들의 鐵路 위에

나의 사랑은 빛발쳐야 하는 것

이렇게 사는 것을

용서받을 순 없다

사형대 위에 사라지는 목숨일지라도

나는 어머니와 祖國과

사랑의 손이 있는 것

언젠가는 터져야 할

나의 묵중한 革命 앞에서

목이 마른 荒地의 풀잎

목이 마른 荒地의 太陽

내가 사는 땅이 있는 한

험악한 길과 가시길이라도

더욱 굳건한 의지와 신앙으로

나는

나의 荒地에

조그마한 풀잎의 욕심으로

革命을 모독하고

더욱 사랑하련다

革命의 아침을……

〈1970 · 詩人〉

十字架를 해나 달에게

太陽이나

달에게

十字架를 세워라.

地上의 모든 아름다움만

太陽과

달에게

보듬어 줄 수 있는

十字架를 세워라.

우리들의 수난의 地上

우리의 고난 많은

가시 길.

이젠 十字架를

地上으로부터

해나

달에게 세우게 하라.

〈1970·詩人〉

별밭을 찾아

늦은 밤

별밭을 찾아간다

누구도 알지 못하는

이 밤을

남몰래 울어 본다

내가 여기 서 있다는 것이

더욱 無意味로울 때

나의 고독은 더한층 심연이다

별들만이 아는 비밀

세상에 태어나 서 있을 때처럼

無意味로운 것은 더욱 없다

오늘도

별밭을 찾아

고독들 피흘리는

고독을 나누어 본다

〈1970 · 詩人〉

에즈라 파운드

이 고역의 징역 시간에

에즈라 파운드는

주름살과 웃음만 남았다

백발만 남았다.

가슴아픈 많은 날을

에즈라 파운드는

窓가에서

가까우면서도

머언

하늘을 생각했다.

에즈라 파운드

에즈라 파운드

그 知性은

고역의 징역 시간에

말없는 웃음만 웃었다.

한많은 朝鮮

창호지에

그리는

달빛.

한많은

朝鮮이었다.

창호지에

그리는

별빛.

한많은

朝鮮이었다.

〈1969 · 新春詩〉

1969년의 코스모스

피를 먹고 자라난

4·19 墓地 부근의 코스모스는

碑銘을 비웃고 지나가는

가을 바람 속에서

義롭게 죽어간 넋들처럼

외롭게 울고 섰다.

高速道路의 마일스톤 곁에

나란히 서서

한 時代가 지나가는 차바퀴 소리를

허망하게 바라보는 눈동자는.

때로 닫힌 校門 안에서

가냘프게 발돋음하여

바깥 세상을 넘겨다보다가

세라복 차림의 文學少女같이

催淚彈에 눈물도 흘리고

濁流가 휩쓸고 지나간 담장 가에

찢어진 깃폭처럼

쓰러져 나부끼지만

마이크가 왕왕대는 遊說場 둘레에

흐느러지게 피어서

하늘을 보고

한바탕 자지러지게 웃기도 하는

1969년의 코스모스여

〈1969·新春詩〉

잡초나 뽑고

오늘밤 머언 별들을 보면서
나의 직업은
祖國.

연탄냄새 그득 풍기는
우리의 社會에
선량한 나의 가정은
가을
빈 주먹.

갈라진 가슴팍에
우거진 잡초들과
思想.

그 속에 우리집이 있다
그림 歷史가 있다.

오늘의 나의 손은

現實을 뽑으며

진저리나는 나의 행동에

추파를 던지는 속셈이다.

〈1969 · 新春詩〉

팔려가는 봄

진달래꽃이 훤하게 필 무렵
수백리 길
어린 소는 팔려가야 한다.

소의 눈동자는
現代韓國
눈물이 글썽거린다.

빚 때문에 팔아야지
大學등록금 때문에 팔아야지

붉은 입술들이
진달래꽃보다 붉게 핀
서울이라는 明洞
어느 한 구석의 땅 한 평
몇 천만 원의 금덩어리라는데,

저놈의 논과 밭은
빚만 늘어가는 땅.

이젠 농사고 지랄이고 그만두고
서울에 가서 지게벌이라도 하면서
흰쌀이나 한 봉지씩 사들고
愛國이나 해야지.

진달래꽃이 훤하게 필 무렵
소는 누구를 위해
수백리 길로 팔려가는 현실파

우리들의
얼굴이 붙은 봄은
언제, 언제
언제 풀리나.

〈1969 · 新春詩〉

설 렁 탕 들

李朝 오백년 당쟁싸움의 나머지를

이 땅에선 잔인하게 뿌리뽑아버리자

어진 일꾼들 도매금으로

유배 보내거나 죽이고

또 李朝 오백년의 나머지 피가

설렁탕이 되는가

정신 좀 차려요

李朝 오백년의 나머지들

남한산성 북한산성 돌담을 쌓고

한 그릇 설렁탕에 원망했단다

한 사발 막걸리에 원을 달렜단다

정신 좀 차려요

정신 좀 차려요

새 百科事典 한 권 들고

새 歷史책 한 권 들고

새 國語책 한 권 들고

한 사람 살지 않는 섬에서

한 여자 얻어서

이젠 내 共和國의

일학년을 만들고 싶다

알에서 태어나서 알로 돌아가는

나의 눈물

말 많은 놈들 속에서

말 많은 내가 슬프다

어린 아이와

장난삼아

동양사나 서양사를

하나하나 뒤적이며

내 스스로 유배를 당해야겠다

李朝 오백년의 뒷처리들이

지금도 여기저기 남아 양반행세 한다

이젠 내 식모로 모시고

잘 섬기겠다

설렁탕 한 그릇에 싸구려

어서 자시고 떠나시요

나는 설렁탕장수에 술장수

李朝 오백년의 한을 씻어드리리

멋대가리 없는 놈들 속에서

내가 詩人이라고 바보야 바보야

정신나간 바보야

나는 왕이나 되어 보련다

李朝 오백년의 찌꺼기들

칼을 뽑기 전에 정신차려

아무것도 아닌 것들이

허허 오늘은 웃어버리자

〈1969・新春詩〉

한 장의 新聞을 들면서

우리는 서로 말 없이

이렇게 만나고

또 헤어지는 것이다.

한 장의 新聞을 들면서

이렇게 많은

세상의 소식을 전하고

또다시 헤어지는 것이다.

소식이 기다려지는

汽車는

地平에 가고

또 장마는 오는 것이다.

〈1969 · 新春詩〉

어린이 UN總會

　　——모든 사랑의 빛, 거기에 있어라

우리의, 우리들의 금수강산

푸른 하늘 아래

〈세계의 어린이 UN대사님들을〉

우리나라의 서울에 초대하여

귀중히 모시면

만국기는 바람탄 파도처럼 펄럭일 게다

진정 그 순수, 평화와 자주.

활짝 핀 이쁜 웃음 속에서

활짝 핀 이쁜 마음 속에서

비둘기, 비둘기, 비둘기들이

무지개빛 속에 날으는

그런 날의 평화의 陽地로, 노래로

어린이 UN 놀이가 열린다면

黑도 白도 黃도……모두들 모이리.

노래하자, 어린이들이 우선 노래하자

세계의 하늘 아래 가장 아름다운 나라

내 祖國 내 民族을 자랑하고

서로 정다운 오랜 한핏줄의 兄弟와 같이

家族展을 베풀고

地上에서 달나라 가는 꿈을 기르고

옛날의 꽃동산에서 금잔디를 찾는 그런 날.

세계의 귀여운 〈어린이 UN대사〉들이

창경원이나 남산광장, 한강변에

뜨거운 품안으로 모여

〈UN놀이〉를 한다면

어린이의 달나라의 꿈은

달나라의 江山은

모두 합쳐, 하루라도 더 빠르리

모든 사랑의 빛──거기에 있어라.

〈1969 · 新東亞〉

잔디밭 國富論

무덤 위에 옮겨진 잔디
너는 이미 잔디밭의 生產者다
勞動마저 바다 되어
밀려오는 平和.

어서 오시오
가시려면 가시오.

〈육대양 칠대주〉는
精神病院만의 故鄉이 아니다.
바람부는
安樂椅子.

무덤에 기대고 있는 잔디
너는 오히려 잔디밭의 生產者다
近代化에 行動하는
冥想에 잠겨 있는 외로운 먹구름.

南과 北

東과 西

아비와 엄마의 宗敎는

해와 달 끝끝내 하나.

위대한 革命人은

까마귀떼를 보내고 수염을 뽑고 있다.

무덤 위에 옮겨진 잔디

너는 모든 잔디밭의 生産者다

壁과 線을 무너뜨리는 平行會談

밤과 낮 사이에 피어난 눈부신 世界.

어서 오시오

가시려면 가시오.

〈1968 · 現代文學〉

진달래꽃

낡은 世界地圖 위에 초라한 진달래

한송이 그슬려 壁 앞에 있다

그렇다고 우리네 古典은 아니다

갈기갈기 찢어버리고 싶은 하늘

거기 수천의 愛憎의 얼굴이 있다

어서 가시오

石炭 내음 풍기는 고향

아주까리 고향

손목 잡고 놀던 그리로 가고 오면

진달래꽃 훤한 무덤들이 누웠다

여기저기 팔려간 어미 잃은 地圖는

자꾸만 배가 고파 울고 있다

新羅도 百濟도 李朝도 위대했던

高句麗도

함께 뭉쳐 宗廟에

찬란한 우리네 슬픔으로 묻어두자

世界地圖엔 낡은 古朝鮮도 없다

歷史도 뼈도 목소리도 알맹이도 없다

미칠듯 영영 미칠듯 불태우자

녹슨 것 막힌 것 원통한 것

몰아쳐 오는 怒濤와 같은 심장으로

헐덕거리며 불태우자 불태우자

진달래꽃 그처럼 가난한 自立이라도

금간 우리네 논과 밭 어긋난

工場과 都市에 부디 여무지게 꽃피어라

우리들의 平和 단 하나 소망이여

어서 가시오 어서 오시오

〈1968 · 新東亞〉

1960年代의 휴지통과 詩論

나는 祖國이 있읍니까
몇백명 되는 詩人들에게도
祖國이 있읍니까.

한개의
白墨을 쥐고
나는 휴지통에
당분간 詩를 써야 합니다.

詩論보다도 먼저
백두산부터 한라산까지의
地圖를 그려 봅니다.

祖國은 있읍니까.
몇백명이 되는 詩人들에게도
나에게도 祖國이 있읍니까.

落書하고 있읍니다.

휴지통에 나의 祖國을

아직 나의 詩는 멀었읍니다

白紙로 돌아가야 할 때,

이젠 나의 詩論은

미친사람들이나 가는 곳이라면

驛에 가서 물어보면 그런 것은

차표를 한번 사보고 싶습니다

참으로 가고 싶은 곳의

地名을 써둡니다.

가고 싶은 곳에는

두 줄의 동그라미를 그려놓고

故鄕에다가는

汽車도 그려 봅니다.

〈1968・新春詩〉

仁旺山 건빵

서울은 언제부터 이렇게 넓어졌나
헐어진 城터에서 낡은 하이힐 신은
꼬슬머리 처녀가
건빵을 씹으면서
허기진 유행가를 부르고 있다
얼마전에는 대학의 英文科에서
포크너에게 반했고
헤밍웨이의 킬리만자로 山上의
열렬한 사랑과 미움에
넋을 잃은 처녀가
오늘은 월부 화장품장사
건빵을 씹고 있다
仁旺山은 소슬한 바람이 불고
처녀의 목청은
죽고만 싶은 고달픈 生活音樂
서울은 건강한 시늉을 한다
서울은 철없는 사람들이

살기 좋다고 한다

서울은 철없는 사람들이

아름답다고 한다

건빵을 씹으며

처녀는 제집을 찾는다

獨立門은 보이는데

이젠 건빵도 떨어지고

목이 마르오

목이 마르오

〈1968 · 新春詩〉

地平에 던져진 꽃

소슬한 바람이 불고 간다
꼭 詩人大會라도 한번 했으면
좋을 나라
너는 思想을
너는 形式을
너는 韻律을
너는 抒情을
너는 調和를
너는 統一을
너는 노래하는
너는 생각하는
이러한 어처구니 없는 詩人大會를
光化門 네거리에서나
釜山 돗대기 시장에서
한번 했으면 特等이 되겠는데
망할놈의 詩人大會는 없고
엉터리 詩人들이 3백이고 5백이 되는

이 나라 풍경

제 조국은 좀먹어 들어가도

詩人이라고 히히덕거리고

기묘한 정치들을 한다

망할놈의 것 침이나 뱉고

고함이나 토하고

로타리의 몇 평 되는 잔디밭에서 차라리

素月詩集으로 얼굴을

소녀처럼 가리고 싶다

모든 것을 가리고 싶다

〈1967·新春詩〉

보시오 獨島

나는 이름하여

獨島

나의 獨島에는

눈 내리는

비창에 겨울만 있다

오늘을 사는

내 조국의 현대

이제 아시아는

한번의 사자가 피를 토해야 할

나의 요람 나의 전쟁터

앞으로!

앞으로!

모두들 쓰러져도

나는 가야 한다

나의 사랑의 獨島를 위하여

피투성이의 날개

영웅은 울지 않는다

지도자는 민중의

오랜 벗이어야 한다

나는 이름하여

獨島

인왕산에서

서울을 바라보는 아침

솟아오르는 태양 앞에

내 얼굴이 보인다

나는 호수에 도취하는

나르시스는 이미 아니다

훨훨 타오르는 태양 앞에

살벌한 내 얼굴이

조국의 언어를 다듬는다

나의 오랜 형제들

녹슨 철로가

은빛으로 우리에게 돌아올 때까지

나는 당신네 소망 앞에 살고

목숨 지우련다

나는 이미 獨島

한권의 바이블 앞에 서는 것보단

조국의 명예 위해

미친듯 미친듯 미친듯 살련다

그날이 올 때까지

살벌한 내 얼굴은

역사의 언어들을 뚫고 간다

나는 이름하여

獨島

비창의 겨울만

천지에 꽃 핀다

〈1966 · 新春詩〉

달밤의 革命

地平에는 아무도 없읍니다
바람과 갈대 그리고 구름과 달
참으로 한번 우리에게 있어야 할
火山같은 혁명의 대열에 서서
몸살 몸살하며 울고 싶습니다
두 가슴에 훈훈한 꽃이 필 때까지
울고만 싶습니다
地平에는 아무도 없읍니다

〈1969 · 現代文學〉

荒蕪社會

새로운 것을

近代에서 찾아본다면

機械 속의 당신이 微笑 지을까.

賤民은 生活을 알고 있지만

工業地帶엔 核武器만 貨幣와 같이 거렇게 깔리는

어수선한 精神이라 새로운 것을

다시 近代에서 찾아보려 한다면

찾아지는 것인가.

白紙로 한장의 白紙로 돌려서

우리들이 사는 生活을 그려 보면

굴뚝의 光明한 아침은 안개가 없이

빛 부신 해가 하늘을 덩달아 올라

自然만 微笑 짓는다.

금 간 손에 한 알의 보리씨를

黃土에 심으면

아침의 誕生은

우리가 사는 新聞紙 냄새뿐이다.

鎔鑛爐에 시펄건 불을 피우고
나를 自殺시킬까.
이젠 뼈도 남지 않는
바람 잘 날 없는 世上——
神은 나에게 있는가.
奇蹟은 이제 가고
江물은 새파랗게 흐르고
남아서 사랑하고 싶은 것은
몇 萬年을 살아온 林木——
林木日計에는
사람과 바람 바람과 비 비와 눈만
受難과 自然으로 새겨져 있다.
荒蕪地에 검은 까마귀가 날으면
荒蕪地의 獅子는 배가 고파
으르렁거리는 흥분의 時間에선
林木도 사람으로 보인다.
풀잎이라도 씹으며 살아갈

검은 개미라도 잡아 먹기 위해
어둔 구멍을 찾아 다니는
獅子의 現實은
갈 곳 없는 바다의 水平만 있다.
모든 集團 꽃밭의 集團에
목 쉰 行進曲이라도 있어라,
아직 滅亡은 오지 안했다.
希臘의 神들을
死刑臺에 올리기엔
우리는 너무 성급한
理論에 산다──
經濟學의 새로운 復活 속에
우리 集團은 多額의 意味에 산다.
꽃의 集團으로
荒蕪地에 목을 추기면
形而上의 밤은 新鮮히 가고
形而下의 아침은 謀反으로

눈이 뜨인다——

우리들의 荒蕪地에

언제쯤 地平이

地平에 窓이 열리고

나는 꽃의 新鮮한 集團으로

微笑 띄울까.

現代病理學을 더욱 알아야 할

우리들 荒蕪地에서

한 톨의 보리씨로 나는

地平을 열어야 되겠다는 心理를

自然의 하늘에 그리고 싶다.

荒蕪地여.

中立幾何學에

資本主는

難草로 멀리 서라,

나의 荒蕪地여.

우리들의 社會여.

〈1966·零度〉

쌩똥文明

측간에서 쌩똥을,

쌩똥을 싸면서

살아온 나이기에

自殺은 비굴한 어머니——

세상에 눈도, 코도 없고

입도 없는가

측간에서 쌩똥을 싸게 나를 기른

10할의 바람 속에서

나는 영낙없이 쥐도 새도 모르게

숨을 그만두는 것인가

쌩똥을, 쌩똥을 싸면서 살아온

불길이 훨훨이 타오르는

文明의 나여——

우리가 헤맬 꽃밭의 이름에는

形容의 숲이 없는 地平이

보이지 않는가

쌩똥을, 쌩똥을 싸는 風景은

20년, 30년……

절간에서 공부해도

터득이 안되는

現實의 것——

세상에 세상에 이 세상에

〈1966·零度〉

解放 20年 · I
——모란이 지듯 가버리고

해방의 기쁨은

모란이 지듯

어느덧 가고

우리들에겐

금 간 가슴이

朝鮮史를

壁, 壁가게 하였다.

金剛山으로

白頭山으로 가는

철둑길은

이젠 녹슬고,

우리 兄弟들의 숨은 막혀

〈돌아오지 못하는 다리〉 너머론

여윈 아이들이 그대로

아카시아 꽃속에 묻혀

가위, 바위, 보

가위, 바위, 보

童心의 故鄕과

童心의 地圖가

모란이 지듯 애처롭다.

〈1965・現代文學〉

解放 20年・Ⅱ
──찔레꽃이 피먹은 六月

찔레꽃이 환히 핀

6월의 언덕은

피바다가 되고

모두들 봇짐을 싸고

남으로 남으로 쫓겨가는

기러기의 行列, 行列……

漢江은

漢江은 절단되고

임진왜란보다 더한 외국산 총소리

戰車 소리가……

羊보다도 순한

우리 白衣의 가슴에

눈물을, 끝없는 눈물을

적시게 하였다

6월은

온통 형제들의

피바다가 되고

죄없는

꽃 들의

찔레꽃은

피먹은 鮮血의 6월

아아 우리들은

눈물의 바다 속에서

모란이 지듯 가버린

우리들의 8월을

마음 가다듬어

다시 한번 뼈저리게

불러보는 역사 속에서

잠을 이루지 못하는 밤이었다

<1969 · 新春詩>

사원우표

回答이 꼭 가야만

너를 사랑한다는 意味가 된

세상은 그대로 좋았네

이젠 이웃도 파산이 되어서

빌려달라는 소리도 못하겠네

참 요사이 볼만한 얼굴들 십년도 더 늙게 보이네

이젠 回答같은 것 없어도

서로 믿고 사랑할 줄 아는 것만이

우리의 인내일세

좀더 사랑한다는 良心이 있거든

汽動車 주변의 살풍경이나

무슨 黨인가 하는 앞에 불쌍하게 늘어진 꼴 보게

참으로 우리들이 回答을

주고 받은 세상은 그래도 그래도 참 좋았네

〈1964·現代文學〉

東海의 갈매기

東海의 바다를 바라보면서
나는 흰 갈매기에
한없는 눈물을 그리었다.

저어
갈매기의 祖國은
어데인가.

그들의 우는 言語가
진종일 부럽기만 한
나였다.

이젠, 나는 病室에
감금당하여
영영 노래하지 못한 새가 되었는가.

오늘도

모든 우리들은 생활고에 지쳐

한폭의 이끼낀 東洋畵 앞에서

茶를 끓일 友情의 여유도 없다.

東海의 흰 갈매기여!

너를 보며

한없는 눈물을 그리는

나의 心情을 알겠는가.

〈1964·現代文學〉

密　酒
—— 金重培兄에게

密酒 같은 것

密酒 같은 것이라도 마시고

진종일 앓고 있어도

좋은 날이여

사회의 어두운 변두리에서

당신이 찾는

가난함이 짙은 눈물은

北으로 날아가는

기러기나 알까

東海의 갈매기나 알까

흙내 나는 南道 사람들은

쌀도 보리도 모두

떨어져버리고

술집들만 잘도 번져가는

가슴 아픔과 恨이여

이젠 密酒 같은 것이라도 마시고

火山같이 터져야 할

그날 앞에

모든 것 잊고 눕고만 싶네

〈1964 · 新春詩〉

惡法은 外面한다

이력서를 쓰기란
내가 하사 祖國과 같이
따분하기만 하다

우리 둘레에서
위선을 키우는
모든 惡法이여
구겨진 내 이력서처럼
歸路에 서라

土曜日 죽 먹기 운동이
革新이라면
당분간 詩가 되지 않는 이유를
너는 안다
〈대포집〉을 찾아가는 이유도
또한 너는 안다

자살 직전의

너와 나는

술을 들고 술을 들어

우리의 病을 영롱히 키워야 한다

〈1964·新春詩〉

이 세상에

가는 어느 곳마다
이젠 신음에 가까운 할아버지의
정신나간 소리가 한창 꽃이어라,
病든 기침 소리가——

이 地圖는 南,
이 地圖는 北.

白雪이, 白雪이……
私欲에 거치른 가슴에게
어서 눈부시게 뿌리어라.

3천만이 4천만, 4천만이 8천만이
될 때, 우리는 누구 믿을까.

北間島로 봇짐을, 봇짐을 싸고
쫓겨나간 우리들의 순한 마음에

어설픈 指導者들은 어서 눈물을 거두게 하라.

白雪이, 환한 白雪이……

엠원과 따발총을 맨

休戰線의 얼굴 위에 빗발친다.

피투성이로 살아온,

우리네들의 歷史와 다사로운 화롯가에

白雪아, 환한 白雪아 쌓여라.

우리 말, 우리 글 앞에

어서 환한 白雪아——

이 세상에

이 세상에……

〈1964 · 新東亞〉

가 시 오

봄도 없는
우리들의 절량 지대에서
이따금 아무런 유언이라도 남기고
바람 따라 가고 싶을 때가 있다

가슴 절단된 아픔은
오늘도 스산한
가을

〈브라질〉로 가면 될까
어디로 가면 될까

우리에게 주어진 命題는
〈가시오〉뿐

봄도 없는
우리들의 절량 지대에서

가시내는 못살아

半線地區로 가면 될까
어디로 가면 될까

비 오는 灰色 거리에
〈가시오〉만 푸르게
문패와 같이 서 있다.

〈1963·新春詩〉

또 한번 올 날은

멍들은 채 울어라

다갈색 낙엽을 모아
내 젊음을 불태우고 싶다

어느 땅에쯤
어긋난 내 정신을 머물게 할 것인가
상처만 난 내 가슴과
상처만 난 내 정신을

북녘 바람을
북녘 바람을 더 맡으면
말없이 끌려 가야만 하겠다

모든 거짓스러운 남의 것들 버리고
불러면보
피를 토할듯 불러보면

있을 것을……

영영 떠나버리는

브라질이나 西獨으로 가는 나그네들

조용한 死火山에

다갈색 낙엽이 자꾸 쌓이면

또한번 올 날은 언제인가.

〈1963·新春詩〉

外人部隊

나의 앞에는
壁밖에 없읍니다.

온통
눈물의 江이 흐르고 있읍니다.

나의 지난날이 끝나는
촛불을 켜안고
단 한사람 부르고 싶습니다.

故鄕도
어머니도, 잃어버린
내 가슴은 사무치게 찢어지는
가을의 落葉들입니다.

山莊엔
어두운 心情의 비가 옵니다.

山비둘기는 집을 찾아가고

나는 外人部隊의 孤兒가 되어

영 갈곳 없는 地平에 서 있읍니다.

누군가

내 어두운 精神을

환히 어루만져 줄

그런 손과, 눈과 웃음이 있는 곳에

머물 수 있는 목소리가 그립습니다.

지금, 나의 앞에는

地球마저 버리고싶은

무덤의 休日이

노을 속에 울음으로 젖어가고 있읍니다.

〈1962·思想界〉

3

素　描·1

4월의 피 흘린

여러 흙을 밟아 보면

더러는 의미를 아는

심연의 나무가 서서

잠시 무지개빛의 중량을

생각해 보는 시간도 되는데……

공간은 말없이

황홀하지도 못한 카나리아의

징역 시간을 위해

바람이 되어,

천둥이 되어,

아아 소나기가 되어

온 육체에 깊이 멍든 것어

〈토할 듯, 토할 듯, 토할 듯〉

몸부림치는 울타리 안의

밀려 가는 한숨들이

비가, 소나기가 되어

눈보라가 천둥이 되어

꿈 깬 듯한,

4월이 잠든

꽃밭의 의미와

窓의 머언 나무와 목소리.

素　描·4

모든 안개여
朝鮮의 4월과 함께
어서 가라.

4월은
우리들의
기막힌 4월은,
〈T·S·엘리오트〉의
세계의 고향도
어서 침몰하게 하라.

고향이여,
어머니여,
사랑이여,

황홀한

詩人만의 황혼이여.

조용히
눈을 뜨고 오라
어서 오라.

素　描·5

4월은 너무나도

잘못 살아온 火曜日인

고향의 멍든

모든 것들이여……

도시 은잔을 모르는

地平 밖의 神話도 모르고

살아온 원죄여……

병들지 않는

징역 시간의

침몰해도, 침몰해도 솟아날

나이 든 몸부림이여……

4월은 너무나도

잘못 살아온

피 흘리는,

피 흘리는 정신 속에
詩人의 영원한 신화여……

素　描・10

병이라면
잠이 오지 않는 것이
병인가.

이다지도
잠이 오지 않는
병실의 시계는
밤이 다아 가는데도
빈 공책의 푸른빛 선 사이사이의
흰 벽에,

무슨 무슨 얼굴 조각들을
그리는 것인가.

素　描 · 13

朝鮮의 창호지에
눈물을 그릴 수 있다면.

하늘만큼한 사연을……

눈물 흘리지 말고
웃으며 당신에게 드리고 싶은

하늘만큼한 밤을……

朝鮮의 창호지에
눈물을 그릴 수 있다면.

素　描・23

노래하자, 노래하자

니빨을, 황토니빨을 갈고

〈참으로 오랜만에〉 본

詩人과 태양 앞에

행렬을 짓고, 행렬을 짓고

오랜만에

목이 터지는 바다의 목청으로

노래하자, 노래하자

참으로 오랜만에

니빨을, 황토니빨을 갈고

素 描 · 33

우리의 숨막힌 푸른 4월은
자유의 깃발을 올린 날.

멍들어버린 주변의 것들이
화산이 되어
온 하늘을 높이 높이 흔들은 날.

쓰러지는 푸른 시체 위에서
해와 별들이 울었던 날.

詩人도 미치고,
민중도 미치고,
푸른 전차도 미치고,
학생도 미치고,

참으로 오랜만에,
우리의 얼굴과 눈물을 찾았던 날.

死守派

　꽃밭은 없는가 우리가　잠을　자고 가도 좋을　그런 꽃밭은 없는가
우리의 심장을 익은 해와 같이 태워도 좋을　사랑이란 집은　영영 없
는가.

　꽃밭이 아니라도 좋고 사랑의 집이 아니라도 좋다.　피로 황토흙으
로 얼룩진 날개를 위하여선 病室이라도 허술한 病室이라도 있어야 하
지 않겠는가 그뗀 하늘이란　얼굴과 달밤같은　손이라도 가까이 오는
香氣 아닌가.

　그만 지는 꽃잎과 같이 흩날릴 아쉬운 날개.　왜　우리는 이렇게도
모든 것에서 버림받았는가.　사랑이나　외로움은　한없이 까다로운 채
살고 싶은 살고만 싶은 날개의　마지막 상채기.　피는 흘러도 붕대를
감아줄 病室 없는 싸움터에서 아우성 아우성치는 처참한 風景을 보는
가.

　이러한 풍랑치는 자리에 神의 눈은 없는가.　우리를　돌봐 줄 신의
손은 없는가 황량한 저 들판이 神의 눈이다.　질서없이　몰아쳐 오는

성난 파도같은 저 바람이 神의 손이다. 끝없는 사랑을 위하여 죽어가
는 날개 위에 무덤인들 病은 아닌가.

　하늘도 땅도 하나라고 부르고만 싶은데 우리가 잠을　자고 가도 좋
을 土曜日 正午의 꽃밭은 없는가 심장을 익은 해와 같이 태워도 좋을
사랑이란 집은 없는가. 우리 목마른 아쉬움을　들어줄 천대해도 좋은
그런 집마저 없는가. 옷을 벗어도 말갛게 옷을 벗고 몇 날이고 굶은들
정든 땅 정든 이야기 정든 얼굴 있으면…… 얼마나　아름다운 사랑을
위해서 눈감아도 좋을 것인가.

　꽃밭은 없는가 차라리 病室이라도　없는가 핏덩어리로 산화된 戰
友의 날개를 묻어줄 한주먹 고향 흙과 그런 陽地의 山脈도 없는가 어
쩔 수도 없는 날개를 屍體 그대로 버리고 날아가야만 하는　또　하나
젊은 날개의 슬픔을 너는 모른다.　죽은 魂이여 네가 부를 神의 이름
이 여기 날고 있다. 멀어진 꽃밭을　찾아 억세게 날으고 있는 헐어진
고층탑에 마지막까지 남은 산만한 깃발.　아름다운　반항을 눈떠보는
것은 나의 것인가.

都市의 무덤

죽은 뒤에

나에게 남을 단 하나 空地는

풀을 가꾸고, 시름없는

꽃들을 피우게 할

숨은 作業만이 눈을 뜬다.

오늘

그리고 내일도,

아무것도 아닌

아무것도 아닌 검은 屍體를 위해서

빗발치는 灰色鋪道 위를

어릴 적 나의 맑은 눈망울도 모르고

걸어가고 있는 것을 보면

지금 나를 慰安할 마지막 空地는

웃고 있다.

사랑하고 싶도록

연연한 地帶에 歸依해
어둠이 아닌 환한 窓門을 열고
풀들과 꽃들이
바람과 이야기하는
無言한 對決을
듣고 싶다

이젠 나는 아무렇지 않은
죽음과 더불어
비를 맞고 서 있는 空間에서
검은 戰爭을
시작한다.

겨울에도 피는 꽃나무

눈이 소리없이 쌓이는
긴 밤에는
너와 나의 室內에
화롯불이 익어가는 季節.

끝없는 餘白같은 曠野에
눈보라와
非情의 바람이 치는 밤
蒼白한 病室의 美學者는
金屬線을 울리고 간 內在律의 音樂을
사랑한다.

눈이 내린다.
잠자는 孤兒院의 빈 뜰에도
녹슬은 鐵條網 가에도, 눈이 쌓이는 밤에는
살벌한 가슴에 바다같은 가슴에도
꽃이 핀다.

화롯불이 익어가는

따수운 꽃이 피는 季節.

모두 잊어버렸던 지난날의 사랑과 回想

孤獨이거나 눈물과 微笑가

꽃을 피우는 나무.

사랑의 原色은

이런 추운 날에도

꽃의 이름으로 서 있는

외로운 立像.

나는 쓸쓸한

사랑의 주변에서

해와 같은 심장을

불태우고 있는

音樂을 사랑한다.

모두 추워서 돌아가면
혼자라도 긴 밤을 남아
모진 바람과 눈보라 속에서
뜨거운 뜨거운 화롯불을 피우리

겨울의 나무도
이젠 사랑을 아는 사람
꽃을 피우는 사람
金屬線을 울리고 간 內在律의 音樂을
사랑한다.

나비와 鐵條網

지금 저기 보이는 시푸런 江과 또 山을 넘어야 진종일을 별일없이
보낸 것이 된다. 西녘하늘은 薔薇빛 무늬로 타는 큰 눈의 窓을 열어
……지친 날개를 바라보며 서로 가슴타는 그러한 距離에 숨이 흐르고.

모진 바람이 분다.
그런 속에서 피비린내나게 싸우는 나비 한마리의 생채기. 첫 고향의
꽃밭에 마지막까지 의지할려는 강렬한 바라움의 香氣였다.

앞으로도 저 江을 건너 山을 넘으려면 몇 〈마일〉은 더 날아야 한다.
이미 날개는 피에 젖을 대로 젖고 시린 바람이 자꾸 불어간다. 목이
빠삭 말라버리고 숨결이 가쁜 여기는 아직도 싸늘한 敵地.

壁, 壁……처음으로 나비는 壁이 무엇인가를 알며 피로 적신 날개
를 가지고도 날아야만 했다. 바람은 다시 분다 얼마쯤 날으면 我方의
따시하고 슬픈 鐵條網 속에 안길,

이런 마지막 〈꽃밭〉을 그리며 숨은 아직 끝나지 안했다 어설픈 표
시의 壁. 旗여……

休　戰　線

山과 山이 마주 향하고 믿음이 없는 얼굴과 얼굴이 마주 향한 항시 어두움 속에서 꼭 한번은 천동같은 火山이 일어날 것을 알면서 요런 姿勢로 꽃이 되어야 쓰는가.

저어 서로 응시하는 쌀쌀한 風景. 아름다운 風土는 이미 高句麗같은 정신도 新羅같은 이야기도 없는가. 별들이 차지한 하늘은 끝끝내 하나인데……우리 무엇에 불안한 얼굴의 意味는 여기에 있었던가.

모든 流血은 꿈같이 가고 지금도 나무 하나 안심하고 서 있지 못할 廣場. 아직도 정맥은 끊어진 채 休息인가 야위어가는 이야기뿐인가.

언제 한번은 불고야 말 독사의 혀같이 징그러운 바람이여. 너도 이미 아는 모진 겨우살이를 또 한번 겪으라는가 아무런 罪도 없이 피어난 꽃은 시방의 자리에서 얼마를 더 살아야 하는가 아름다운 길은 이뿐인가.

山과 山이 마주 향하고 믿음이 없는 얼굴과 얼굴이 마주 향한 항시 어두움 속에서 꼭 한번은 천동같은 火山이 일어날 것을 알면서 요런 姿勢로 꽃이 되어야 쓰는가.

花草들의 이야기

언제고 간에 우리들이 늘 의논하는 革命을 위하여선, 잡풀들이여 이젠 슬픈 이야기가 아닌가.

밤에 흐르는 수없이 많은 저 별들은 우리들의 가슴에 심어 볼 꽃밭이라면 어쩔까.

하나의 조그만 花甁이 우리들의 마음에 있다고 믿을 때, 몇 포기의 꽃은 얼마나 아름다운가.

무어라 하지 안해도 절로 죽어가는 것들 앞에,

참으로 맑은 아침을, 우리만이 살 수 있는 沃土를 얼마나 바랐던가 이런 날은 內亂이란 傳說같이 먼먼 흰 구름이 아니었을까.

언제고간에 우리들이 늘 의논하는 革命을 위하여선, 이젠 잡풀들이여 슬픈 이야기가 아닌가.

접 동 새

새벽닭이 울도록 못잔 일을 생각하면 내 心臟은 거멓게 모두 타버
렸는지도 모른다. 그것은 누구에게 버림받아 우리 누이들이 뼈저리게
우는 슬픔같은 것인지 모른다. 그렇지 않으면 나와 언제 한번 좋지않
은 사이가 되어 저렇게 무어라 타이르는 목소리인지도 모를 일이다.

촛불 꺼버리고 울 수만 있다면 나도 한번쯤은 그렇게 울어 봐도 좋
은 일이라 생각된다. 꼭 어데선지 진달래빛같이 타오르는 너의 목소
리……새벽닭이 울도록 못잔 일은 내 心臟이 거멓게 모두 타버린 너
의 가슴을 찢는 그것인 줄 모른다.

新世代

헐어진 都市 또 헐어진 壁틈에 한 줄기 하늘을 향하여 피어난 풀잎은 무엇을 意味하는가.

봄, 봄, 봄인가 그렇지 않으면 가을을 말하는 것인가. 모질게 부비고 부비며 魂있는 자세여.

강물도 흐르고 바람도 스쳐가며 나무들이 손짓하는 그리고 해와 별들도…… 이 領土 위에 조용히 오는 風景. 살고 싶은 것이나 새롭고 싶은 것인가.

살벌한 틈사구니에서 모질게 부비고 부비고 피어나는 내 가슴의 休戰地帶에서 너를, 너를 울리는 나. 나는 무엇인가.

바다. 너는 그 섬에서 노래를 들으리라 무엇을 意味하는 풀잎의 소리를. 한 포기 꽃이 제대로 피어나는 統一을 領土를 世界를……

헐어진 都市에 아직은 窓. 窓은 있는가 병들고 시들은 봄이나 가을이란 그런 季節이 우리는 없어도 古木 속에 이젠 피어야 할 너를, 너를 울리고 窓을 향해야 하지 않겠는가.

진달래도 피면 무엇하리

4월의 피바람도 지나간
수난의 都心은
아무렇지도 않은
표정을 짓고 있구나.

진달래도 피면 무엇하리.
갈라진 가슴팍엔
살고 싶은 武器도 빼앗겨버렸구나.

아아 저녁이 되면
자살을 못하기 때문에
술집이 가득 넘치는 都心.

약보다도
이 고달픈 이야기들을 들으라
멍들어가는 얼굴들을 보라.

어린 4월의 피바람에

모두들 위대한
훈장을 달고
革命을 모독하는구나.

이젠 진달래도 피면 무엇하리.

가야 할 곳은
여기도,
저기도, 病室.

모든 자살의 집단 멍든 旗를 올려라
나의 病든 〈데모〉는 이렇게도
슬프구나.

古宮風景에서

항시 구경을 다아 했다고 생각해도
그 경치를 떠나지 못하는 것은
무엇인가를 더 오래토록
포옹하고 깊이 파묻힌 옥돌 같은
얼굴을 찾아보고 싶어서가 아닐까.
이조 백자기 같은 화문의 마음을
구비돌아 가면 그 뒤안 길에는
어떤 이끼 푸른 古宮이 있을까.

꽃밭에는 선녀가 서서
얼굴엔 잔잔한 무늬의 그림자를
수놓고, 산너머 구름같은 천년을
먼동과 함께 불러보는
멀고 먼 목소리가 아닐까.

나는 몰라
나는 몰라라

그저 화사한 아양도 좋지만
살벌한 경치가 모든 주위의 병풍을
그릴 때, 끝없이 외로운 것은
누구였을까.

너는 이미 저물어가는
古宮의 뜨락인데
여기에 피어나는 꽃 한송이는
너를 알고 간 무덤보다도
새 천년의 흰 구름이 포도처럼 열려가는
문이 아닐까.

古宮은
짙어가는 古宮의
눈과
손은
너를 끝없이 울리고 가는

저어 하늘가의 보석별들보다도
머나먼 길 위에 핀 한송이
겨울의 꽃나무.

온갖 빛깔의 사랑을 여의고도 남은……

수정보다 더 맑은
오랜 눈물 빛만을
외롭게 외롭게 담고 싶은
古風스러운 얼굴이 아닐까.

編輯後記

이 시집은 3부로 편집되었다. 제 1 부와 제 2 부는 1962년부터 최근에 이르기까지 15년 남짓 사이에 발표한 것들을 모을 수 있는 데까지 거의 빠짐없이 모아서 발표연대와 역순으로 꾸몄으며 제 3 부는 그의 첫 시집 『休戰線』(1957)과 『겨울에도 피는 꽃나무』(1959), 『四月의 火曜日』(1962) 등 3권의 시집에서 저자의 시적 체질이 비교적 잘 드러나 있는 것들로 골라서 역시 발표의 반대순으로 꾸몄다. 이로써 우리들은 朴鳳宇 시인의 시들을 힘안들이고 한눈으로 바라볼 수 있는 계기를 얻었음과 동시에 이 시집을 통하여 전쟁과 폐허의 50년대를, 독재와 혁명과 좌절의 60년대를, 긴장의 풍요와 정신적 빈곤의 70년대 전반을 한 시인이 어떻게 몸부림하며 부딪쳐왔는가를 역력히 엿볼 수 있게 되었다.

전쟁이 휩쓸고 간 폐허 속에서 대부분의 시인들이 기진맥진한 채 꽃과 여인과 술과 혹은 병든 自我의 한구석을 노래하며 自慰하고 있을 때 朴鳳宇 시인은 "山과 山이 마주 향하고 믿음이 없는 얼굴과 얼굴이 마주 향한 항시 어두움 속에서 꼭 한번은 천둥 같은 火山이 일어날 것을 알면서 요런 姿勢로 꽃이 되어야 쓰는가"(休戰線)라고 우리의 뼈아픈 분단의 현실과 민족의 갈등을 온몸의 사랑으로 놓치지 않고 노래함으로써 민족시인으로서의 자리를 튼튼히 하였으며, 지칠 줄 모르는 열정과 앞을 내다보는 자유분방한 시정신으로 전쟁과 함께 도사리고 있는 시의 폐허 속에서 시의 희망까지를 일깨워 주었다. 그는 50년대에 출발하여 오늘에 이르는 사이의 많은 시인들 중에서도 가장 개성이 강한 시인임에 틀림없다. 그는 4·19 혁명을,

쓰러지는 푸른 시체 위에서
별들이 울었던 날

詩人도 미치고
민중도 미치고
푸른 전차도 미치고
학생도 미치고

참으로 오랜만에
우리의 얼굴과
눈물을 찾았던 날

——素描 33

이라고 노래한다. 이렇듯 4·19 혁명의 多恨하던 시절, 길고
광활한 얼굴에 잡초처럼 무성한 수염이며 어느 한곳을 뚫어
져라 응시하며 이글이글 불태우는 눈동자며 어떠한 惡도 도
저히 접근할 수 없는 다정한 미소를 머금은 채 거리를 누비
며 '거리의 시인'으로서 4·19 혁명을 노래하고 노래하다가
病獄에 갇히기도 한다. 그러나 정신병원에 갇힌 자신을 오히
려 조국과 민족의 모습으로 노래하기도 하며, 병들어 있는
사회와 병들어 있는 인간들이 민족시인을 가두었다고 몸부림
치며 밖에다 대고 "병이라면 잠이 오지 않는 것이 병인가"라
고 외치기도 한다. 이처럼 누구보다도 현실에 민감한 시적
체질로 민족현실의 서러움을 열기 있게 노래하다가 4·19 혁
명정신이 차츰 변질되어 가는 기미가 뚜렷이 나타나기 시작하
자 "모든 안개여／朝鮮의 四月과 함께／어서 가라"(素描 4)
라고 단호히 부르짖기도 한다. 뿐만 아니라 그는 그러한 좌
절감을 "로타리의 몇 평 안되는 잔디밭에서 차라리／素月詩
集으로 얼굴을／소녀처럼 가리고 싶다／모든 것을 가리고 싶
다"(地平에 던져진 꽃)라고 노래할 수 있는 차분한 마음을 가

지고도 있으며 또한 "한 방안이 점점 좁아지는구나/내가 밀려서 잠을 깨다 보면/요놈들은/키도 크고 넓어졌구나"(아버지 經濟)에서 볼 수 있듯이 평범한 일상의 아버지로서의 자식들에 대한 끝없는 사랑 같은 것들도 엿볼 수 있다. 이처럼 우리의 현실에 지나치게 민감하면서도 흐트러지지 않는 건전한 목소리를 들려 주던 그는 "긴 겨울 이야기는/끝나지 않았다/모두 발버둥치는 벌판에/풀잎은 돋아나고/오직 자유만을 그리워했다/꽃을 꺾으며/꽃송이를 꺾으며 덤벼드는/亂軍 앞에/이빨을 악물며 견디었다/나는 떠나련다/서울을 떠나련다" (서울 下野式)면서 말없이 서울을 떠나 버렸다. 그의 '서울 下野'는 무엇을 뜻하는 것일까. 결코 '詩의 下野'는 아닐 것이다. 긴 겨울의 이야기가 끝나지 않는 한 그의 시는 늘 우리 곁에 함께 있어줄 것이라고 믿기 때문이며 그의 건강회복은 건전한 민족시의 회복이요 건전한 사회의 회복임을 알기 때문이다.

1976. 6.

趙　　泰　　一

창비시선 5

황지의 풀잎

초판 1쇄 발행 / 1976년 7월 1일
초판 8쇄 발행 / 2008년 7월 25일

지은이 / 박봉우
펴낸이 / 고세현
펴낸곳 / (주)창비
등록 / 1986년 8월 5일 제85호
주소 / 413-756 경기도 파주시 교하읍 문발리 513-11
전화 / 031-955-3333
팩시밀리 / 영업 031-955-3399 · 편집 031-955-3400
홈페이지 / www.changbi.com
전자우편 / literat@changbi.com

ⓒ 박나라 1976
ISBN 978-89-364-2005-5 03810